AF563105

DISCOURS

PRONONCÉ PAR M. LAURENS

PRÉSIDENT DU TRIBUNAL CIVIL D'ALBI

A l'audience du lundi 29 avril 1867.

« MESSIEURS,

» La Providence, dont les décrets sont impénétrables, a infligé à notre famille judiciaire une double et cruelle épreuve à des intervalles, hélas! bien rapprochés, et, deux fois, la cité toute entière a partagé notre deuil.

» Il y a six mois à peine, une voix dont l'éloquence était inspirée par les plus nobles sentiments du cœur disait devant une tombe prématurément ouverte, en termes émus et magnifiques, les grandes vertus, les talents exceptionnels et les éminents services d'un homme de bien, qui fut, à la fois, l'illustration de notre barreau et la gloire de son pays natal.

» Aujourd'hui cette voix si sympathique s'est pour jamais éteinte dans toute la vigueur de la jeunesse, et Bermond, notre ami, notre collègue et votre bâtonnier, n'est plus !

» En portant nos regards attristés sur cette place vide, nos regrets sont grands, comme les vôtres ; et, comme vous, en nous courbant avec résignation devant la volonté de Dieu, nous avons peine à contenir les élans de notre douleur.

» Celui que nous pleurons fut un homme de cœur, un magistrat intègre, un administrateur distingué et un remarquable avocat. On vous le rappelait hier, auprès de sa demeure dernière, dans des discours inspirés par les sentiments les plus élevés, et en présence d'une population désolée, dont l'attitude et les larmes parlaient mieux encore que les paroles les plus éloquentes.

» Mais ce n'est pas assez, et il m'a paru que nous devions à Bermond un dernier hommage dans cette enceinte témoin de ses nombreux triomphes et de ses premiers succès ; car, disons-le avec un légitime orgueil, s'il s'est imposé au suffrage intelligent de ses concitoyens et au choix éclairé du Gouvernement, et s'il est ainsi parvenu à une brillante position, il l'a dû aux admirables qualités dont il avait, à cette barre, prodigué si souvent les irrécusables témoignages.

» Je ne veux, aussi, dans ce sanctuaire de la justice, au seuil duquel doivent s'arrêter les bruits du dehors, vous parler que de l'homme et de l'avocat.

» Ah ! Messieurs, je l'ai connu pendant trop peu de temps, et cependant je lui avais voué une bien vive affection, et, dès les premiers jours, ma sympathie avait été irrésistiblement attirée vers lui. C'est qu'il était, à la fois, une belle âme, un noble cœur et une grande intelligence.

» Animé d'une foi sincère, toujours inspiré par l'amour du vrai, du bien et de l'utile, il fut encore bon et dévoué pour tous, charitable jusqu'à la prodigalité, et c'était l'obliger que de lui demander un service.

» Ame chrétienne et nature d'élite, il était sans fiel pour ceux que les dissentiments politiques avaient momentanément fait ses adversaires, et il ne les combattit jamais qu'en leur prouvant tous les jours, par son dévouement au bien public, combien leurs attaques étaient imméritées.

» Chef de famille exemplaire, il partageait sa vie entre un travail sans repos, dans lequel il usait ses forces, mais qu'il considérait comme l'accomplissement d'un devoir, et l'amour infini dont il entourait sa sainte compagne et les beaux enfants dont il était si fier.

» Que sa famille éplorée et brisée par un coup fatal qui défie toute consolation, sache bien que sa douleur est la nôtre, et que nos sympathiques regrets veulent une place au sein du foyer domestique en deuil.

» Ne nous appartenait-il pas aussi, en effet, celui dont elle déplore la perte, par les liens étroits d'une vie commune ? N'est-ce pas à l'œuvre de la justice, qui est la nôtre, qu'il consacrait ce qu'il avait de meilleur en lui ?

» Le barreau français a de nobles et magnifiques traditions qui le rendent une de nos gloires nationales. Bermond les comprenait, et il en avait fait son invariable règle de conduite. A une science juridique profonde, à une étude consciencieuse et complète des affaires, il joignait au plus haut degré la loyauté et la probité, sans lesquelles nul ne saurait être digne de porter la robe qu'il a honorée. Et quand, préparé aux débats par un travail que sa puissante organisation pouvait seule accomplir, il se présentait à cette barre, n'est-il pas vrai, Messieurs, que nous étions tous sous le charme de sa parole élégante et vive, de ses pensées généreuses et élevées, de son argumentation logique et vigoureuse, de ses appréciations aussi justes que nettement formulées? N'est-il pas vrai aussi que lorsque, dans une autre enceinte, il prêtait généreusement son concours à la défense d'un accusé, il fallait admirer la force, l'habilité et l'éloquence de ses plaidoyers auxquels le jury du Tarn a si souvent accordé de retentissants succès?

» Eh bien! Messieurs, de ce remarquable

ensemble de rares qualités, rien ne vit plus aujourd'hui que dans notre mémoire.

» Comme Jules Boyer, Bermond nous a été ravi avant l'heure, en nous laissant, comme son confrère, d'impérissables souvenirs et de grands exemples.

» C'est là, Messieurs les Avocats, un précieux héritage que vous conserverez religieusement, et, en agissant ainsi, vous honorerez encore la mémoire de ceux qui ont déja trouvé dans une vie meilleure la récompense de leurs nobles vertus. »

DISCOURS

PRONONCÉ PAR M. BÉHAGHEL

SUBSTITUT DE M. LE PROCUREUR IMPÉRIAL

A l'audience du mardi 30 avril 1867.

« Messieurs,

« Avant de vous demander la lecture de l'ordonnance de M. le premier Président, relative aux assises prochaines, j'éprouve un invincible besoin de rendre à mon tour un pieux et respectueux hommage à la mémoire de celui dont nous déplorons tous, avec la même amertume, la mort si prématurée.

» Autour de la place qui était la sienne, je vois réunis, mornes et affligés, ceux qui ont eu le bonheur d'être ses confrères.

» Cette place, elle était grande quand Mr Lermond l'occupait ; elle l'est devenue plus encore, s'il est possible, depuis qu'un destin cruel l'en a brutalement arraché.

» La mort a fait là, Messieurs, un vide qui ne saurait être comblé.

» Pour le remplir, il faudrait que l'éminent et regrettable avocat pût revenir au banc où nous le voyions chaque jour. Mais, vous le savez, hélas ! les morts ne reviennent pas.

» Nous ne le reverrons plus, lui, l'athlète assidu, infatiguable et si brillant de nos audiences ; mais la grande ombre de son souvenir planera toujours pour nous sur la place qu'il a si longtemps occupée, et à laquelle il n'a pas eu le temps de dire adieu.

» Messieurs, je sens trop mon insuffisance pour essayer de trouver quelques paroles qui puissent rendre les sentiments que j'éprouve devant le deuil affreux qui s'est abattu sur nous.

» Ces sentiments sont bien vifs et bien douloureux; et cependant, il me semble qu'ils doivent être bien faibles auprès de ceux que vous éprouvez vous-mêmes. Car, tous, vous le connaissiez depuis plus longtemps que moi, et, pour la plupart, d'une façon encore plus intime. Et si approcher de Me Bermond c'était déjà l'apprécier et l'aimer, le connaître davantage c'était l'apprécier et l'aimer aussi davantage.

» Tout me fait défaut, Messieurs, pour ajouter quelque chose à ce qu'ont dit au seuil de sa dernière demeure, avec l'autorité qui leur appartient et dans les termes les plus élevés, ceux qui lui ont adressé un suprême adieu; à ce que vous disiez hier, Monsieur le Président, dans un langage à la hauteur de nos regrets et de la noblesse avec laquelle nous désirions qu'ils fussent exprimés.

» C'est, d'ailleurs, le privilége de certaines nature d'élite, que leurs œuvres les louent plus que pourrait le faire le plus beau panégyrique.

» La vie de Me Bermond, elle est burinée, en traits plus ineffaçables que ceux que la reconnaissance de ses concitoyens va inscrire sur le marbre, dans les immenses et innombrables services qu'il a rendus, dans l'illustration qu'il a donnée à ce barreau, dans le souvenir impérissable de la cité toute entière.

» Que cette vie si bien remplie soit pour nous tous, magistrats et avocats, qui à Albi plus encore qu'ailleurs, aimons à nous regarder comme les fils unis de la grande famille judiciaire, une source de salutaires exemples.

» Que les confrères de Me Bermond gardent précieusement les traditions d'honneur, de loyauté, de travail, que leur a léguées celui qui a été plusieurs fois et qui est mort leur bâtonnier.

» Qu'à l'exemple de ce que font les soldats éprouvés sur le champ de bataille, alors que la mort moissonne dans les rangs les meilleurs d'entre eux, ils resserrent leur phalange décimée pour qu'elle ne soit pas trop affaiblie.

» Et nous, magistrats, n'oublions pas non plus les exemples que nous a laissés Me Bermond;

n'oublions pas que les devoirs et les qualités de l'avocat sont aussi les devoirs et les qualités du magistrat.

» Et rendons à celui qui a réuni tant de qualités sur sa tête, cet hommage qui résumera pour nous tous les autres : c'est que la magistrature eût certainement été fière de lui offrir un de ses siéges les plus élevés. »

Le Conseil de l'Ordre du barreau d'Albi a décidé, par délibération du 29 avril 1867, que les discours prononcés par M. le président Laurens à l'audience du tribunal du même jour et par M. Béhaghel, substitut, à l'audience du 30 avril, seraient imprimés aux frais de l'Ordre.

Albi, Impr. S. Rodière. — Avril 67.

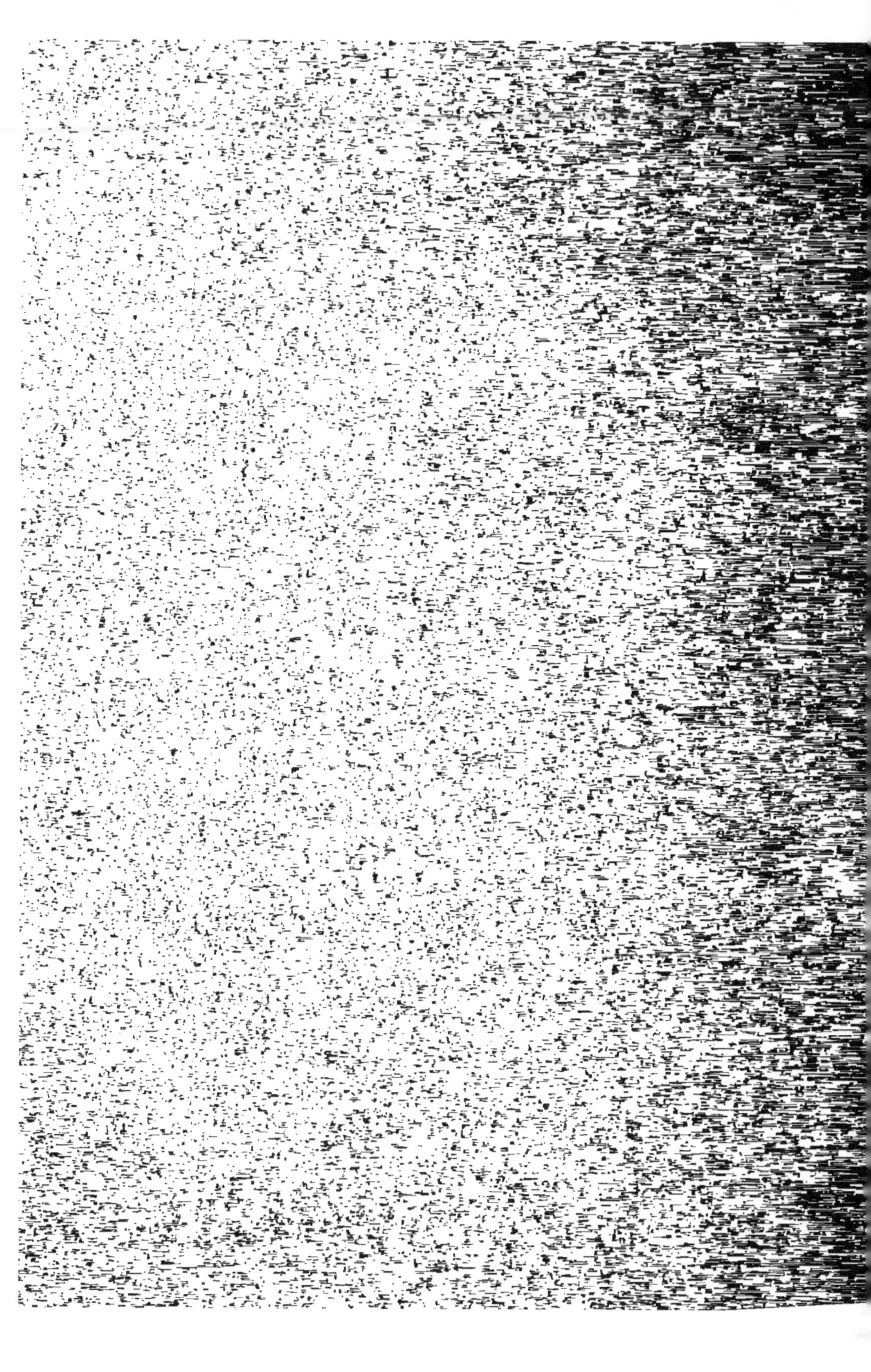

www.ingramcontent.com/pod-product-compliance
Lightning Source LLC
LaVergne TN
LVHW010259230826
846091LV00007B/3051

* 9 7 8 2 0 1 1 7 9 2 3 2 7 *